L'ENSEIGNEMENT SECONDAIRE

JOSEPH REINACH

DÉPUTÉ

LA QUESTION

DE

L'ENSEIGNEMENT SECONDAIRE

PARIS

LIBRAIRIE HACHETTE & Cie

79, BOULEVARD SAINT-GERMAIN, 79

1891

CHAMBRE DES DÉPUTÉS

Extrait du *Journal officiel* du 10 Novembre 1891.

DISCOURS

PRONONCÉ PAR

M. JOSEPH REINACH

SUR LA

QUESTION DE L'ENSEIGNEMENT SECONDAIRE

Séance du 9 Novembre 1891.

MESSIEURS,

Je demande à la Chambre la permission de lui soumettre, le plus brièvement que le comporte l'importance du sujet, quelques observations sur les modifications qui ont été apportées récemment dans l'organisation de l'enseignement secondaire, et qui me paraissent grosses de dangers pour l'avenir de l'Université, déjà menacée et serrée de si près par les concurrences.

Vous connaissez, messieurs, la question

qui nous divise. C'est le décret du 4 juin 1891 qui réorganise l'enseignement spécial sous le nom d'enseignement secondaire moderne et qui établit l'équivalence, sauf pour les élèves qui se préparent aux écoles de l'enseignement supérieur, entre les baccalauréats qui couronnent, comme on dit, les diverses variétés de l'enseignement secondaire. Car, il faut que je le constate tout d'abord, ce grand mouvement d'opinion qui s'était produit, il y a quelques années, pour la suppression du baccalauréat, n'a abouti qu'à la multiplication d'un examen qui, à mon sens, a toujours été le grand vice de l'enseignement secondaire.

Eh bien, je crois, et je voudrais démontrer à la Chambre que l'enseignement secondaire moderne, tel qu'il vient d'être décrété, ne répond pas au but qu'avaient justement en vue ses premiers promoteurs lorsqu'ils voulaient organiser un enseignement pratique, technique et rapide, à la portée de ceux qui n'ont ni le temps ni les moyens de suivre l'enseignement classique; et, par conséquent, que le décret du 4 juin 1891, sans profit sérieux pour qui que ce soit, porte un grave préjudice à l'enseignement classique en détournant de lui un grand nombre d'élèves vers un enseignement nouveau que je crois mal conçu, qui, malgré le parallélisme des études et l'équivalence des diplômes, restera toujours un enseignement d'ordre inférieur, mais à qui l'ambition viendra très vite, favorisé comme il l'est, de supplanter entièrement son aîné, absorption qui ne pourrait constituer qu'un grave péril pour l'avenir même de l'esprit français. (*Très bien! très bien!*)

Je ne suis pas, messieurs, — et je tiens à dissiper d'abord toute équivoque à ce sujet, — un adversaire du principe même de l'enseignement qui s'est appelé d'abord *spécial*, ce qui ne signifiait pas grand'chose, que M. le ministre de l'instruction publique aurait voulu appeler *français*, — ce qui eût été rationnel à condition que la marchandise correspondît à l'étiquette, — et qui a fini par s'appeler *moderne*, ce qui est vague et peut-être prétentieux.

Et si j'insiste, messieurs, sur la diversité des dénominations qui ont été ainsi successivement imposées à cet enseignement, c'est que je trouve dans leur diversité même, dans le manque de précision et de netteté des termes qui ont été employés, une première preuve que cet enseignement nouveau, qu'on avait raison de vouloir constituer, qu'il fallait créer, ne s'est pas présenté d'une manière très nette et très claire à l'esprit de ses organisateurs, également désireux de rompre avec les humanités gréco-latines et de conserver à leur enseignement une apparence classique.

Ce qui se comprend bien s'énonce clairement.

On n'a donc jamais bien compris ce qu'il y avait à faire, ou plutôt, si vous voulez, après l'avoir sinon compris, du moins soupçonné, on n'a pas osé aller droit au but et jusqu'au bout d'une pensée qui était déjà celle du cardinal de Richelieu, à savoir qu'il faut à un Etat bien réglé non seulement des maîtres ès arts libéraux, mais encore des maîtres ès arts mécaniques. (*Très bien! très bien!*)

L'Université napoléonienne ne s'était occupée que des premiers; il s'agissait de songer aux seconds, qui ne seraient point dans la vie d'un grand pays des citoyens moins utiles. Le moment était venu de créer pour eux un haut et vaste enseignement professionnel.

Seulement, dans l'intérêt même de ces jeunes gens à qui, par la force même des choses, — la multiplicité des connaissances qui sont aujourd'hui nécessaires aux différentes industries, le développement des concurrences et la valeur croissante du temps, — il devenait nécessaire de donner autre chose à la fois que l'enseignement primaire, qui est trop élémentaire, et que l'enseignement classique, qui est trop général, trop long et trop coûteux ; il fallait être radical dans l'organisation du nouvel enseignement, et on ne l'a pas été. De là cet enseignement bâtard qui a la prétention d'être l'égal de l'ancien et qui n'en est, à mon sens, que la contrefaçon à l'usage des moins-valeurs, qui devait être spécial et qui est aussi général que l'ancien, qui devait durer moins longtemps et qui, à une année près, dure le même nombre d'années, qui devait être moins coûteux et qui coûtera aussi cher, qui devait être pratique et qui l'est aussi peu que l'ancien, qui devait être par excellence français et qui est surtout allemand ou anglais, qui a la prétention d'être classique et qui n'en a que la prétention.

Que devait être, en effet, messieurs, dans la pensée première de ceux qui l'ont préconisée et fondée, cette variété de l'enseignement secondaire qu'on a fini par appeler moderne ? Victor Cousin, qui en a été le véritable initiateur, l'a dit en propres termes : « Il faut à la France des établissements intermédiaires entre les simples écoles élémentaires et les collèges. »

Et M. Victor Duruy, qui en fut le véritable fondateur, partait de la même idée lorsqu'il écrivait, en 1860, aux recteurs : « Il ne s'agit pas de préparer, dans l'école spéciale comme au lycée classique, des hommes qui fassent des plus hautes spéculations de la science et des lettres leurs études habituelles, mais des industriels, des négociants, des agriculteurs. »

Voilà donc l'objet de cet enseignement : ce n'est point un enseignement intermédiaire, en ce sens qu'il doive constituer une espèce de pont entre l'enseignement primaire et l'enseignement secondaire ; mais il le sera en ce sens qu'il s'adresse à une classe, à une catégorie, à une couche intermédiaire de jeunes gens qui, destinés par leurs familles à des professions autres que les professions manuelles, ne sauraient se contenter de l'instruction rudimentaire de l'école primaire, mais qui, pressés par le temps, par l'obligation de se suffire rapidement à eux-mêmes, ne sauraient consacrer huit années d'études aux humanités classiques.

Ce grand service public, qui est réclamé depuis tant d'années, qui existe dans tous les pays d'Europe et en Amérique, est-ce bien celui qui vient d'être constitué par le décret du 4 juin 1891 ? Ou bien, avec les meilleures intentions du monde, M. le ministre de l'instruction publique n'a-t-il réussi qu'à dédoubler l'enseignement secondaire et qu'à créer à côté de l'enseignement classique, dont je ne me dissimule certes pas les défauts, un autre enseignement qui en a les principaux vices, mais qui n'en a pas les grandes vertus éducatrices ?

C'est ce que je me propose d'examiner si la Chambre veut bien m'accorder quelques instants de sa bienveillante attention. (*Parlez ! parlez !*)

Les raisons principales qui ont été données, depuis un demi-siècle, pour la création de cet enseignement nouveau que nous cherchons et qui nous fuit toujours, ces raisons, si on les systématise, sont au nombre de deux : approprier cet enseignement aux fortunes plus modestes, l'approprier aux aptitudes plus modestes et en même temps à la variété des connaissances théoriques et professionnelles.

S'agit-il d'approprier l'enseignement aux fortunes plus modestes ? Cela était vrai de l'enseignement spécial tel qu'il avait été constitué par M. Duruy, parce que cet enseignement spécial ne durait que quatre années et que le cas était même prévu où, cette période pouvant paraître encore très longue, on ménagerait aux enfants pressés par les nécessités de la vie le moyen de la raccourcir.

Il s'adressait donc bien à ces fils de négociants, d'agriculteurs, d'industriels qui ne disposent pas d'un grand capital de temps ni d'argent, et qui veulent cependant fortifier, sans luxe et avec rapidité, les connaissances insuffisantes et précaires du certificat d'études.

Mais il n'en est pas de même de l'enseignement moderne tel que vous venez de le constituer, puisqu'il comprend six années d'études au lieu de quatre ou de trois, et que, le cycle de ces études étant ainsi, à une année près, le même que celui de l'enseignement classique, la dépense pour les familles sera sensiblement la même.

Les enfants n'apprendront donc ni plus vite ni à meilleur marché et, dès lors, abstraction faite du programme lui-même, par cela seul que le nouvel enseignement comprend six classes qui correspondent mathématiquement, classe pour classe, à celles de l'enseignement gréco-latin, sauf que la philosophie a été supprimée et que la rhétorique s'appelle première, il en résulte qu'il ne s'adresse plus à ceux pour qui il était réclamé. Au lieu de s'adapter aux besoins de ces fils d'agriculteurs, de petits négociants, d'ouvriers, de contremaîtres, d'industriels dont il devait relever l'instruction intellectuelle en peu d'années et à peu de frais, il s'adresse généralement aux mêmes enfants, au même public, que l'enseignement classique, et il leur offre une culture inférieure.

Au lieu d'être l'enseignement supérieur du peuple, il sera seulement l'enseignement inférieur de la bourgeoisie. (*Mouvements divers.*)

Voilà donc un premier point qui est acquis : l'enseignement spécial devenu enseignement moderne changera forcément de clientèle, et ces classes intermédiaires, qui avaient cru toucher au port, continueront à chercher péniblement dans de rares écoles professionnelles sans méthode et dans l'enseignement primaire supérieur les maitres ès arts mécaniques qui leur avaient été promis. Dès lors, la seconde partie du problème, l'adaptation de l'enseignement nouveau à la variété des aptitudes, change aussitôt de caractère. Pour les jeunes gens qui suivaient l'ancien enseignement spécial, la profession était la carte forcée : leur origine, leur milieu, les ressources modiques de leur famille, leur imposaient d'avance la direction de leur vie. Mais il n'en était pas de même jusqu'à présent pour la grande majorité des jeunes gens qui vont suivre désormais le nouvel enseignement et qui appartiennent aux mêmes familles, aux mêmes catégories, aux mêmes couches sociales que ceux qui continueront à suivre l'enseignement classique.

On avait pensé jusqu'à présent que les 100 à 150,000 jeunes gens à qui la fortune de leurs parents ou les subventions de l'Etat, des départements et des municipalités permettaient de consacrer sept ou huit années de leur vie à l'enseignement secondaire, devaient avoir précisément le privilège, avant de faire choix d'un état, de recevoir un fond commun d'instruction qui n'aurait d'autre objet que d'orner leur esprit et d'ennoblir leur cœur, ce qui ne pouvait être inutile d'ailleurs à aucune espèce de profession libérale, industrielle ou commerciale. Le choix de l'état, de la carrière, était ajourné ainsi, pour la masse des élèves de l'enseignement secondaire, vers la fin de cet enseignement, vers la quinzième ou la seizième année, c'est-à-dire jusqu'à un âge où les goûts auront eu le loisir de se former, de se prononcer, où les aptitudes se seront dessinées, où le choix d'une carrière se fera en connaissance de cause. C'était là, jusqu'à ce jour, la vertu principale de l'enseignement secondaire, et c'est précisément cette vertu que l'on supprime.

Les deux enseignements secondaires, en effet, le moderne et le classique, tout parallèles qu'on les a faits et tout égaux qu'on les proclame, ne conduisent pas aux mêmes buts. Les baccalauréats de l'enseignement classique sont indispensables, aux termes du décret, aux futurs avocats, aux futurs médecins, aux licenciés ès sciences et ès lettres; le baccalauréat de l'enseignement moderne ne peut conduire ni à l'École de médecine, ni à l'École de droit, ni aux Facultés des lettres et des sciences. Il faudra donc que l'enfant fasse son choix dès le début de l'enseignement, et c'est à neuf ou dix ans qu'il décidera ou qu'on décidera désormais pour lui de sa vie. Selon qu'il prendra à droite ou qu'il tournera à gauche, il sera condamné d'avance à une carrière qui ne sera peut-être pas celle qu'il eût choisie le plus utilement après quelques années d'études générales, ou il se sera interdit à l'avance des professions pour lesquelles, se découvrant lui-même vers l'âge de quatorze ou de quinze ans, il se fût reconnu plus d'aptitude. Il ne pourra dès lors, sans une énorme perte de temps, rebrousser chemin s'il s'aperçoit qu'il s'est trompé.

Qu'avez-vous donc fait, monsieur le ministre, en plaçant ainsi au début de l'enseignement secondaire le choix de la carrière, et ne suis-je pas en droit de vous dire que cette réforme, qui se targue d'être démocratique, constitue tout simplement un retour, un recul vers cette bifurcation des études dont la mémoire universitaire de M. Fortoul est restée si lourdement chargée et qui, vous le savez, a été condamnée, au bout de peu d'années, par une déplorable expérience? (*Très bien! très bien! sur divers bancs.*)

Donc, c'est une bifurcation, et c'est même une bifurcation beaucoup plus grave que l'ancienne. M. Fortoul se contentait, en effet, de placer les jeunes gens de treize et de quatorze ans en présence de deux routes conduisant l'une à une étude plus complète des lettres, l'autre à une étude plus complète des sciences, ce qui n'était qu'un contre-sens pédagogique. A un enfant qui a plus d'imagination que de raisonnement, par exemple, il ne faut pas faire faire plus de lettres que de sciences afin d'outrer la nature, mais, au contraire, plus de sciences que de lettres, afin de rétablir l'équilibre, et réciproquement.

Mais vous, c'est dès l'âge de dix ans, et même plus tôt, que vous appelez l'enfant à prendre une résolution autrement grave : à choisir entre les humanités classiques qui, seules, pourront le conduire aux professions libérales, et les humanités modernes, qui l'en écarteront à jamais. Quant aux raisons qui dicteront ce choix, qui décideront, à cet âge, de toute une vie, vous n'en dites rien, et pour cause. Les aptitudes de l'enfant, à quel signe probant les reconnaître ? Vous savez si les premières apparences sont trompeuses. Et, par conséquent, comme il ne sait rien de ses aptitudes — et comment les connaîtrait-il, puisqu'il n'a goûté encore ni aux vieilles humanités ni aux jeunes sciences? — comme il s'ignore profondément lui-même, c'est la famille qui décidera et, faute de mieux, elle décidera d'après ses convenances personnelles, qui seront le plus souvent intéressées. (*Mouvement.*)

Non point, messieurs, que je conteste le droit du père de famille. A moins de tomber dans la chimère de l'enseignement intégral pour tous, il est clair que l'Etat devra toujours poser cette question aux familles : « Voulez-vous que j'élève votre enfant jusqu'à l'âge de dix-sept ou jusqu'à l'âge de quatorze ans? » La famille, en effet, est seule juge dans l'espèce, car elle seule connaît le capital de temps ou d'argent dont elle peut disposer. Quand la famille a répondu à cette question, vous, Etat, vous n'avez plus qu'à mettre à sa disposition soit un enseignement professionnel solide et sérieux qui puisse lui rendre, à quatorze ou quinze ans, des maîtres ès arts mécaniques prêts à gagner leur vie par eux-mêmes, soit un enseignement secondaire qui forme, avec plus de loisir, des esprits pourvus d'une connaissance générale des humanités et des sciences.

Mais la subdivision de l'enseignement secondaire éveille des questions d'un autre ordre, questions qui ne sont pas seulement de doctrine et de méthode, mais de politique générale, et ces questions-là, l'Etat seul en est juge.

J'entends bien l'objection que vous faites à notre doctrine de l'unité de l'enseignement secondaire jusqu'à l'âge de quinze à seize ans : vous dites que cette unité est devenue impossible parce que les découvertes de la science moderne, les nécessités de la vie moderne, ont surchargé successivement les programmes d'une foule de connaissances devenues indispensables et que cet enseignement encyclopédique, à supposer qu'il pût être pratiquement réalisé, conduirait tout droit à ce fameux surmenage qu'on a récemment découvert.

Mais je réponds que votre erreur fondamentale est précisément dans cette conception de l'enseignement secondaire qui n'a nullement pour objet de faire des têtes bien pleines, mais des têtes bien faites, ce qui n'est point la même chose. (*Très bien! très bien!*)

Apprendre aux enfants les éléments des professions qu'ils embrasseront plus tard, cela est l'objet de cet enseignement professionnel que vous vous obstinez à ne pas organiser d'une manière digne de ceux qui sont obligés de s'instruire vite et à bon marché. Mais l'enseignement secondaire s'adresse aux jeunes gens qui ont le loisir d'apprendre, et son objet est essentiellement d'éveiller les curiosités, de donner les méthodes, d'orner les intelligences. Quand vous dites qu'il sera encyclopédique ou bifurqué, vous méconnaissez, par conséquent, son but, qui est tout entier dans cette gymnastique intellectuelle. Vous n'avez pas introduit la gymnastique physique dans vos écoles pour faire de vos élèves des équilibristes et des acrobates, mais pour développer leurs membres par une progression raisonnée d'exercices. De même la gymnastique intellectuelle; il ne s'agit point de faire des hellénistes ou des latinistes, mais d'assouplir et d'affiner l'esprit. Vous n'avez donc pas à chercher cette quadrature du cercle, un enseignement encyclopédique qui concilie tout, les lettres et les sciences, le latin et l'allemand, l'utile et le superflu qui est cependant chose si nécessaire. Mais vous deviez conserver à l'engnement secondaire son unité, c'est-à-dire toute la généralité et toute l'élévation possibles, parce que l'esprit souffle où il veut et que vous ne savez pas d'avance où il soufflera, sinon, comme dit le philosophe (1), qu'il a plus de liberté et plus d'espace sur les sommets. (*Très bien! très bien!*)

Voyons donc vos programmes, puisque aussi bien c'est le programme qui constitue la différence essentielle entre l'ancien

(1) M. Alfred Fouillée, l'*Enseignement au point de vue national.*

et le nouvel enseignement. Voici les deux caractères principaux de votre enseignement moderne : il comprend plus de sciences que de lettres et il remplace l'étude du latin et du grec par celle de l'allemand et de l'anglais.

Ajouterai-je qu'il comporte en première une heure de comptabilité par semaine — ce qui ne suffit pas à le rendre professionnel — et qu'il consacre un peu plus de temps aux langues étrangères qu'au français — ce qui ne suffit pas à le rendre classique ?

De l'enseignement développé des sciences je ne dirai qu'un mot. Personne n'est plus que moi partisan de l'enseignement scientifique, et j'estime que l'enseignement classique en comprenait une beaucoup trop faible part. Sans doute, la science même de la nature ne vaut que par ce qu'elle contient d'humanités ; mais, cela dit, il est évident que la jeunesse du dix-neuvième siècle, sans distinguer entre les professions qu'elle embrassera, doit étudier, doit connaître les sciences. Ce n'est donc pas la lutte, ce n'est pas l'antagonisme qu'il faut établir entre les lettres et les sciences : c'est le concours, c'est l'harmonie. Et la question est précisément de savoir si l'harmonie n'a pas été troublée.

Eh bien, messieurs, elle avait été troublée déjà bien avant l'organisation de cet enseignement moderne si terriblement scientifique, et ce n'est pas un littérateur, un joueur de flûte qui s'en est plaint avec le plus d'amertume, c'est un des plus illustres savants de ce siècle, c'est Paul Bert, qui disait dès 1879 :

« Ce que je redoute, ce à quoi je m'opposerais de toutes mes forces, c'est que les sciences ne prennent sur l'enseignement des lettres une revanche funeste. Cette tendance réactionnelle, je la sens grandir dans les assemblées délibérantes, et peut-être les justes réclamations de nos amis et les miennes ont-elles contribué à lui donner une puissance croissante. Mais, parce que de grandes fautes ont été commises, qu'on n'en commette pas de plus grandes encore. Et, pour tout dire en un mot, parce que l'on a trop négligé l'utile, qu'on n'arrive pas à dédaigner l'idéal. Il faut que le culte du beau, que le respect du non-utile, que l'amour de l'idéal imprègnent fortement les jeunes esprits. Or, à ce résultat nécessaire peut seul conduire une grande culture littéraire. » (*Marques d'assentiment.*)

Messieurs, ces fautes plus grandes, que prévoyait et redoutait Paul Bert, ce sont précisément celles qui viennent d'être commises. Voyez le programme de l'enseignement moderne. Dès la quatrième, quatre heures et demie de sciences contre quatre heures et demie de français par semaine. En troisième, sept heures et demie de sciences contre quatre heures et demie de français. En seconde, neuf heures de sciences contre quatre heures de français. En première (sciences), treize heures de sciences contre trois heures de philosophie. Et ces sciences, non seulement on en enseigne beaucoup trop ; mais l'expérience du passé et la rédaction même du programme nous avertissent qu'on les enseignera mal. Une accumulation de nomenclatures et de petits faits! Il semble qu'on n'ait d'autre but que de faire emmagasiner à l'enfant une multitude effroyable de mots, de noms, de chiffres, de formules. Ce n'est pas l'intelligence, c'est uniquement la mémoire que l'on exerce. On traite le cerveau de l'enfant comme un parchemin passif sur lequel il s'agit d'écrire en lignes serrées le plus de géométrie, de physique, de chimie et d'histoire naturelle possible. (*Marques d'approbation sur plusieurs bancs à gauche et au centre.*)

Je passe maintenant à l'enseignement des langues vivantes, de l'anglais, de l'allemand, que vous substituez à celui de ces langues qu'on appelle mortes et que, dans une discussion fameuse, ici, à cette tribune, Lamartine appelait immortelles.

Remarquez, d'abord, messieurs, que je suis à cent lieues de nier qu'il soit utile d'enseigner au lycée et au collège l'anglais et l'allemand. Il est parfaitement certain que, dans l'ancien enseignement classique, on leur avait fait une part beaucoup trop étroite. Vous avez élargi cette part, même dans l'enseignement classique, et vous avez bien fait. Vous leur donnez une part considérable dans l'enseignement moderne, et vous faites bien. Certes, je conserve des doutes sur la possibilité d'apprendre au collège, non pas à connaître les éléments de ces langues, mais à les parler. J'ai eu pour professeur un homme de beaucoup d'esprit qui me disait qu'on n'apprend à parler les langues vivantes, vers l'âge de cinq ou six ans, qu'avec une bonne d'enfant, et vers seize ou dix-sept ans, qu'avec une maîtresse qui ne sait pas un mot de français. (*Rires.*)

Rassurez-vous, messieurs: bien qu'il y ait une large part de vérité dans ce paradoxe, je n'irai point jusque-là, et, tout en restant persuadé qu'on n'apprend à parler les langues vivantes que par la fréquentation des étrangers et un séjour prolongé parmi eux, je trouve non seulement légitime, mais nécessaire qu'on les enseigne dans les lycées et collèges. Ce que je critique, ce n'est pas cet enseignement en lui-même, c'est la place qui lui est faite au détriment du français ; ce que je critique, c'est la substitution pure et simple de l'anglais et de l'allemand à l'étude des langues anciennes, du latin et du grec.

Voici, en effet, la place que vous faites à ces deux langues : en sixième et en cinquième, six heures par semaine sur vingt-trois, autant qu'au français. En quatrième, dix heures, contre quatre que vous concédez à ce français. En troisième et en seconde, six heures, contre quatre et demie au français.

Encore une fois, si cet enseignement devait être purement professionnel, je ne me plaindrais pas ; mais vous ouvrez à ses bacheliers la porte des plus grandes écoles, des grandes écoles militaires et scientifiques, de l'École Saint-Cyr, de l'École polytechnique ; vous leur donnez accès à presque toutes les fonctions publiques, et je dis alors qu'à ceux de ces jeunes gens qui suivent l'enseignement secondaire moderne vous ne donnez pas une culture intellectuelle en harmonie avec la situation qu'ils sont appelés à occuper dans la vie ou les fonctions auxquelles ils peuvent parvenir dans l'Etat.

M. le comte de Lanjuinais *et plusieurs de ses collègues.* Vous avez raison, c'est très juste !

M. Joseph Reinach. Quel est, en faveur

de cette substitution des langues vivantes aux langues mortes, l'argument principal qu'on fait valoir? C'est celui qui remplit tout le livre si fameux et si malfaisant de M. Raoul Frary, la *Question du latin* :

Il ne sert de rien à un homme qui ne doit pas se vouer exclusivement aux études libérales de savoir le latin et le grec; savoir l'allemand et l'anglais lui sera, au contraire, du plus grand profit. Pour gérer une propriété, conduire une usine ou une exploitation agricole, à quoi sert le latin? Fait-on l'amour en latin? disait, excellemment, la marquise de la Jannotière. Eh quoi! ne vivons-nous pas dans un siècle qui n'est pas seulement le siècle de la vapeur et de l'électricité, mais aussi le siècle de la démocratie et de la concurrence vitale? Dès lors, nous ne demandons point qu'on nous orne pour la société, mais qu'on nous arme pour l'existence. Savoir le grec n'est d'aucun secours pour faire fortune : ce sont objets de luxe, distractions d'aristocrate. Haro sur ces études d'oisifs et vivent les connaissances qui donnent immédiatement bénéfice et profit!

Voilà donc l'argument utilitaire. Je sais bien qu'on ne le présente pas avec la rudesse que je lui donne; je sais qu'on arrondit les angles. Mais enfin, monsieur le ministre, sous toutes les considérations que vous avez fait valoir dans vos circulaires et que vous développerez tout à l'heure à cette tribune avec votre grand talent, c'est cependant l'argument utilitaire que nous avons rencontré et que nous allons rencontrer à chaque pas, et, à moins que l'utilitarisme ne soit lui-même qu'un vain mot, qu'est-il donc, si ce n'est ce que je viens de dire?

Eh bien, d'abord, comme j'ai essayé de le montrer, l'éducation secondaire de la jeunesse n'a pas, ne doit pas avoir, ne peut pas avoir, selon une heureuse formule, d'autre objet qu'elle-même. Votre mission, c'est d'aider et de favoriser le développement normal, complet, harmonieux, d'un ensemble de facultés dont la vie se chargera de rompre assez tôt l'équilibre. Vous n'avez pas à poursuivre d'autre but.

Si cette raison de philosophie générale ne vous convainc pas, et elle ne vous convaincra point, je vous demanderai ensuite de me dire quel métal résisterait à la pierre de touche utilitaire.

A quoi sert le latin? — A rien, évidemment, comme la Vénus de Milo ou la Joconde du Léonard.

Mais à quoi sert la géographie qui encombre vos programmes de ses insipides nomenclatures? « Ai-je besoin, comme dit Tolstoï, de connaître le canal Mariine et la navigation? Le batelier saura bien me conduire. »

Et je pourrais dire aussi bien : A quoi sert l'allemand, puisque l'on trouve partout des interprètes suisses? (*Très bien! très bien! à gauche et au centre.*)

Voilà donc, messieurs, la pente inévitable, fatale. Dès que le profit intellectuel, qui est presque toujours lettre close pour le public, le devient aussi pour l'Etat, aucun enseignement ne saurait résister à l'épreuve en dehors de celui qui doit donner un profit immédiat, un avantage palpable. (*Applaudissements sur divers bancs.*) Vous sacrifiez aujourd'hui à l'utilitarisme, qui n'est pas l'utile, le latin et le grec; vous leur sacrifierez demain l'histoire, la cosmographie, l'esthétique, la philosophie, la morale, tout ce qui ne sert pas directement à gagner. (*Nouvelles marques d'approbation.*)

Et je vous demanderai enfin, puisque utilité il y a, si vraiment vous croyez faire œuvre utile en retranchant ainsi de l'existence d'un aussi grand nombre de jeunes gens ces quelques années d'études désintéressées où se formait l'âme de l'homme et l'âme du citoyen.

Dans ce siècle où l'esprit public a déjà risqué si souvent de s'affaisser dans la recherche des intérêts immédiats et personnels, où la lutte pour l'existence, pour la fortune, est devenue d'une si âpre violence, où se déchaînent avec tant de fougue les convoitises et les appétits, croyez-vous vraiment qu'il soit sage et prudent de faire à la jeunesse française cet enseignement réaliste et d'en bannir le contrepoids de l'idéal? Ces vieilles études classiques avec tout leur cortège d'idées nobles et généreuses, croyez-vous qu'il soit sage et prudent de les réserver à une élite? (*Très bien! très bien!*)

Et ne craignez-vous pas surtout, remontant ainsi tout le courant de notre tradition nationale en matière d'enseignement, n'avez-vous pas peur de fausser l'esprit, de porter atteinte au génie même de cette race, qui n'a été si grande depuis tant de siècles, depuis les Croisades jusqu'à la Révolution, que pour avoir constamment placé l'idéal au-dessus de l'utile? (*Très bien! très bien! et applaudissements au centre et à droite.*)

Quoi! faire de la France une Amérique? Et que dis-je? une Amérique; une Amérique sans le coton! ce ne serait pas l'Amérique, et ce ne serait plus la France.

Voilà ma réponse à l'argument utilitaire.

M. le ministre de l'instruction publique. Je ne l'ai jamais formulé.

M. Joseph Reinach. Vous, non, monsieur le ministre.

Il faut donc à la jeunesse quelques années d'études désintéressées, et c'est là précisément, pour qui ne voit dans l'éducation que la préparation de l'esprit public, le premier, l'incomparable avantage des humanités. Mais ces études désintéressées, en ce sens que leur profit n'apparaît pas tout de suite comme celui d'une obligation de chemins de fer ou d'un coupon de rente, ces études sont-elles inutiles, alors même qu'elles ne devraient pas continuer à faire l'objet de toute la vie ?

Je n'insisterai pas sur l'utilité qui peut exister à savoir le latin pour bien connaître le français; cette utilité est réelle puisque le français, sauf un minime alliage celtique et germanique sans grande importance, est sorti tout entier du latin, que la plupart des mots dont nous nous servons ont leur origine en latin, que chercher à expliquer la grammaire française sans le secours du latin c'est proprement errer dans les ténèbres, que, si la langue française enfin n'a point le contrepoids solide du latin, elle se déformera au contact de l'allemand et de l'anglais, dont je ne dirai certes pas que ce ne sont point des langues claires, mais dont je dirai, avec M. Michel Bréal, que le français, quand il les imite, cesse d'être clair.

Mais, quelque valeur qu'il ait, cet argument, s'il était le seul, ne suffirait pas pour conserver à l'étude des humanités la large place où je voudrais les voir; le véritable argument, messieurs, celui qu'il est interdit d'abandonner, c'est la valeur éducatrice de l'enseignement gréco-latin, valeur qui n'est possédée au même degré par celui d'aucune autre littérature au monde, pas même par celui de la littérature française, qui cependant s'en approche le plus et précisément parce que notre littérature est la fille de la Grèce antique et de l'Italie romaine. (*Très bien! très bien!*)

Je crois être de ceux, messieurs, qui admirent le plus les humanités modernes de l'Allemagne et de l'Angleterre; je les admire beaucoup, et même je les connais. Mais, quelque magnifique et puissante qu'ait été, à la fin du siècle dernier et au début de celui-ci, l'explosion du génie de l'Allemagne, quelque riche que soit la littérature anglaise depuis quatre siècles, ces littératures ne sont pas universellement intelligibles; elles sont essentiellement particularistes, et cela précisément les rend impropres à l'éducation des jeunes gens et surtout des néo-Latins que nous sommes, car vous ne contesterez pas à notre civilisation la gloire d'être le prolongement, la continuation historique de la civilisation gréco-latine.

Chez les Latins, au contraire, et chez les Grecs, rien de local, rien de très particulier, presque rien d'individuel. Dans une langue très générale ils expriment les sentiments généraux de l'humanité. Ils sont cosmopolites, de tous les temps comme de tous les lieux. Ils sont laïques, selon une judicieuse et profonde remarque de M. Brunetières. Pour comprendre Sophocle et Virgile, il suffit d'être homme. Pour bien pénétrer Shakespeare ou Gœthe, dont les textes sont au moins aussi difficiles, il faut se mettre, si je puis dire, dans la peau d'un Anglais ou d'un Allemand. Quelque superbes que soient ces génies, ils n'appartiennent pas au fonds commun de l'humanité.

Ainsi, en dépit de la distance des siècles, nous sommes plus près de Rome et d'Athènes que du moyen âge, par exemple. Sophocle et Virgile sont de la même famille que Racine et Corneille; ce sont des ancêtres. Dans l'humanité gréco-latine nous sommes chez nous. Mais Shakespeare et Gœthe restent toujours des étrangers. Dès que nous passons le Rhin ou la Manche, nous entrons dans l'inconnu; leurs dieux ne sont plus nos dieux. (*Applaudissements.*)

Et que sera-ce le jour où, sous prétexte de modernisme, on ajoutera aux littératures anglo-saxonnes la littérature slave et la littérature scandinave, Ibsen et Dostoïevski?

Mais ces deux raisons, l'une qui est générale et qui est vraie de tous les peuples, l'autre plus particulière à un peuple néo-latin comme le nôtre, ne sont pas les seules. En voici une autre qui n'est pas moins puissante : dans leur grand ensemble, ces littératures latine et grecque, qui sont la joie fortifiante de l'âge mûr et les délices consolantes de la vieillesse, sont, en même temps, de toutes les littératures humaines, les plus accessibles à l'esprit de l'enfant. Cela est merveilleux, mais c'est ainsi, et il n'est d'ailleurs point impossible d'expliquer ce phénomène. (*Très bien! très bien !*)

D'abord, parce que ces littératures sont claires et limpides comme l'air même où elles sont écloses, au bord des mers éternellement bleues et sous un ciel tout de lumière, tandis que les littératures anglo-saxonnes sont sombres, touffues, opaques, pareilles aux grandes forêts qui couvraient jadis le sol de la Germanie, où le soleil pénétrait à peine.

Mais surtout parce qu'elles sont jeunes, plus près des dieux, comme dit le poète, plus voisines de la nature, qu'elles ne sentent jamais l'effort et que, dans leur immortelle jeunesse, elles se meuvent toujours librement.

Au contraire, les littératures modernes ont sur elles le poids de vingt siècles. De là, non moins que de leur caractère passionnel, la difficulté extrême de choisir, surtout parmi leurs chefs-d'œuvre, des textes pour les écoles. Vieilles et compliquées, elles s'adressent à l'homme fait qui a vécu, qui a aimé, qui a souffert et, quand il faut qu'elles parlent à l'enfant, il faut qu'elles fassent un effort sur elles-mêmes, et l'on n'entend plus qu'un bégaiement. (*Très bien ! très bien !*)

A vos élèves de cinquième et de quatrième, dans l'enseignement classique, vous donnez Virgile, Homère, Tite-Live, des maîtres. Quels auteurs allemands pouvez-vous donner aux élèves des mêmes classes, dans l'enseignement parallèle moderne? Vous n'osez pas leur donner Gœthe et vous avez bien raison : ils n'en comprendraient pas dix lignes. Pour trouver des textes qui soient à leur portée, vous avez beau faire, il vous faut descendre à des littérateurs de deuxième ou de troisième ordre, des Grimm et des Bénédic. Vous finissez cependant par éprouver quelque confusion de cette déchéance, vous essayez de leur donner Schiller, mais c'est alors surtout que vous justifiez ma thèse.

Je lis, en effet, sur votre programme de quatrième : Schiller, *le Neveu pris pour l'oncle*. Je possède assez bien l'œuvre de Schiller; j'ai éprouvé cependant quelque confusion quand j'ai lu cette mention sur votre programme, et je ne demanderai certainement pas à M. le ministre de l'instruction publique quelle est cette pièce de Schiller qu'il a jugée digne d'inscrire à cette place d'honneur. (*Rires.*)

J'ai donc cherché et j'ai fini par trouver que cette pièce était la traduction allemande d'un vaudeville de Picard, du Picard de la « Petite Ville ». Ainsi quand vous voulez mettre Schiller entre les mains des enfants de quatorze à quinze ans, vous êtes obligé de leur donner la traduction allemande d'un médiocre vaudeville que vous n'inscririez jamais sur les programmes de la littérature française. (*Applaudissements sur un grand nombre de bancs.*)

Un membre à droite. Très vrai et plein d'esprit !

M. Cuneo d'Ornano. Vous ne pourriez pas faire lire aux enfants tout Virgile !

M. Joseph Reinach. Pour échapper aux Bénédic, aux Edgeworth et aux révérends Cox et autres, voilà donc où il vous faut descendre, à moins que, par une contradiction encore plus extraordinaire avec vos prémisses, après avoir épuisé tout le bric-à-brac de ces littérateurs de deuxième et de troisième ordre, les seuls cependant, parmi les modernes, qui soient à la portée de vos élèves, vous ne vous résigniez à inscrire sur vos programmes la traduction allemande de l'*Iliade* par Voss et la traduction anglaise de l'*Enéide* par Dryden.

Je vous affirme que Dryden n'est pas plus facile que Virgile et que l'*Iliade* de Voss est presque aussi difficile à comprendre que le texte original; — il y a même les contre-sens en plus, ce qui augmente toujours la difficulté. (*Rires approbatifs.*)

Mais enfin, c'était bien la peine de chasser de votre enseignement moderne, avec tant d'ignominie, ces Latins et ces Grecs, pour les y réinstaller vous-mêmes, non point, hélas! dans leur splendeur naturelle, mais traduits et défigurés! (*Très bien! très bien!*)

Mais les Latins et les Grecs ne sont pas seulement les souverains éducateurs du beau, ils sont aussi les souverains éducateurs de la vertu. Les vérités morales ont trouvé, il y a des siècles, une expression définitive qui dispense d'y revenir. On l'a dit avec raison: tous ces lieux communs de la sagesse antique sur la sainteté des devoirs, sur le mépris des biens fortuits, sur l'amour de la patrie, sur l'obligation de rapporter notre conduite au bien public, tout cet arrière-plan de morale, de civisme et d'honneur ne se retrouve pas chez les écrivains modernes, tout simplement parce qu'il est chez les anciens, gravé sur le marbre et sur le bronze, et que les modernes ont jugé avec raison qu'ils n'avaient pas à redire ce qui avait été dit d'une façon définitive avant eux.

Il en est de ces vertus, de ces beautés morales, comme des beautés de la nature. Lorsqu'elles ont été chantées par certains poètes, les autres n'osent plus en parler parce qu'ils ne veulent pas dire moins bien ce que d'autres ont dit mieux avant eux. (*Marques d'assentiment.*)

Mais ce n'est pas tout, et je dirai encore que les anciens sont surtout les éducateurs de ces vertus civiques qui, nulle part, ne sont plus nécessaires ni plus indispensables que dans une démocratie, dans une République. (*Très bien! très bien!*)

Qu'un tyran chasse de l'enseignement Plutarque, Tacite et Tite-Live, cela se comprend, il est logique, ce sont des ennemis personnels (*Sourires approbatifs*); mais, quoi! monsieur le ministre, c'est vous, un républicain, qui achevez la proscription de ces manuels incomparables de civisme et d'honneur qui s'appellent le *de Viris*, le *Selectæ* et le *Conciones!* (*Très bien! très bien!*)

Ah! j'entends bien : vous n'avez fait que continuer ce qu'on avait commencé avant vous. Pour détruire l'enseignement du latin, vous n'avez fait que succéder à d'autres grands maîtres de l'Université, comme autrefois les Gépides aux Hérules pour la destruction de l'empire romain lui-même. (*Mouvements divers.*) Evidemment, et je tiens à le dire, cette responsabilité ne vous incombe pas tout entière; mais enfin, je dois bien constater que la proscription est aujourd'hui complète.

Comment! vous aviez là des livres où, tout en apprenant cette belle langue latine qui est la logique même, dont l'étude donne déjà à l'esprit tant de force, de rectitude et de précision, se formaient des âmes vertueuses et républicaines. Et vous les remplacez par quoi, ces livres? Le *de Viris*, cette galerie de héros, vous l'avez remplacé dans votre classe de quatrième de l'enseignement anglais par le *Chien des Flandres* de Ouida. Et en première, le *Conciones*, — ce *Conciones* dont on a dit qu'il était l'Evangile des peuples libres, — par *Soll und Haben*, « *Doit et avoir* », de Freytag! (*Vive approbation.*)

En résumé, si vous regardez à l'utilité immédiate, le latin n'est pas plus utile à l'avocat qui plaide en français qu'à l'industriel et au médecin qui ne rédige plus ses ordonnances en latin, qu'au commerçant. Et dès lors, pourquoi exiger des futurs avocats ou des futurs médecins l'étude du latin?

Mais je crois avoir montré, trop longuement sans doute, que la question n'est pas là, qu'elle est tout entière dans la nécessité d'une éducation commune, d'une fraternité intellectuelle pour tous, au début de la vie, afin de maintenir le niveau de notre culture nationale.

J'entends bien que, sur cent élèves de l'enseignement classique, il n'y en aura pas dix qui n'auront pas oublié leur latin et leur grec au bout de quelques années. Mais vous savez ce que M. Thiers disait un jour : « Ce n'est rien d'être ministre; le tout, c'est de l'avoir été. » Et je dirai de même : Ce n'est rien de savoir le latin; le tout, c'est de l'avoir su. (*Sourires approbatifs.*) Sans doute, cette étude retarde, pour la plupart des élèves, le moment où ils aborderont leurs études spéciales, mais tous y arriveront avec un esprit plus ferme, mieux préparé et plus droit.

Désormais, il sera inutile de savoir le latin pour se présenter à l'École polytechnique. On a constaté cependant qu'aujourd'hui, aux examens de cette grande école, les élèves qui ont fait de bonnes études gréco-latines arrivent au premier rang, et vous savez que les Berthelot, les Bertrand et les Pasteur proclament tous, comme, avant eux, les Claude-Bernard, les Cuvier et les d'Alembert, l'utilité scientifique qu'ils ont recueillie des études purement littéraires.

Et puis, vraiment, s'il est démontré que l'enseignement des humanités classiques est, par lui-même, supérieur à tous les autres, pensez-vous qu'il soit bien démocratique de le réserver à une élite, comme vous dites, à une aristocratie de mandarins de lettres? Je ne le crois pas, pour ma part; je ne suis pas encore assez réactionnaire pour admettre cette déchéance. Je crois surtout que ces simples bacheliers, qui ont été raillés et dont on pleurera un jour amèrement la disparition, constituent précisément ce milieu intellectuel qui fait encore de la France la nation du monde la plus sensible aux belles choses, ce milieu qui est aussi indispensable à la création des belles œuvres que la terre cultivée elle-même à la production des beaux arbres et des belles plantes. L'apparition des esprits supérieurs ne peut être préparée, en effet, que par l'accumulation de certaines qualités de la race, et par le maintien d'un certain niveau intellectuel et esthétique qui est comme l'air vital du génie. (*Très bien! très bien!*)

Mais certainement, oui, et, pour que la France puisse continuer sous la République à être un pays de lettrés, d'artistes et de savants désintéressés, il faut se garder de réduire l'élite à quelques-uns, car, dans de telles conditions, la production ou la sélection des génies ou des simples supériorités deviendrait simplement impossible. (*Très bien! très bien!*)

Messieurs, avant de terminer ces trop longues observations et au risque d'abuser de la patience de la Chambre, il me reste à traiter une dernière question, question infiniment délicate, mais aussi la plus grave de toutes. Je n'ai jamais pensé que la politique de l'autruche qui cache sa tête sous le sable pour ne point voir le danger qui approche soit une politique républicaine, et, par conséquent, je ne dois rien cacher de la crise que notre enseignement secondaire traverse depuis plusieurs années et que les récentes réformes menacent encore d'aggraver.

Ah! je sais, monsieur le ministre, vous nous direz tout à l'heure que la crise vous paraît conjurée, et nous pèserons vos raisons. Mais ce qui est certain, c'est que, jusqu'à la dernière rentrée d'octobre, les lycées et collèges, qui avaient vu s'élever leur population de 10,907 unités dans la période décennale de 1876 à 1887, ont au contraire perdu, de 1887 à 1891, 6,188 élèves.

Sans doute, la diminution de l'internat s'est ralentie; elle était en 1888 de 997 et en 1889 de 1,490; en 1890, elle n'a plus été que de 523 et de 285 élèves seulement en 1891. Pour l'externat, il y a une légère augmentation.

Mais, pendant que l'Université, que l'enseignement secondaire perd ainsi, en dix ans, plus de 6,000 élèves, l'enseignement libre en gagne 4,471 ; si bien qu'à l'heure actuelle — ce sont les chiffres mêmes qui nous ont été donnés, dans son remarquable rapport, par mon éminent collègue et ami M. Dupuy — sur un total de 174,000 à 175,000 élèves de l'enseignement secondaire, la part de l'Université, c'est-à-dire la part de l'Etat, est de 48 p. 100, tandis que celle des établissements libres est de 52 p. 100.

A quelles causes attribuez-vous, monsieur le ministre, cet état de choses ? Vous nous le direz tout à l'heure. Pour moi, elles sont au nombre de deux.

C'est, d'abord, l'instabilité des programmes scolaires qui ne saurait être comparée qu'à celle des cabinets qui ont précédé l'heureux ministère qui est sur ces bancs (*Rires*); en second lieu, l'affaiblissement systématique des études gréco-latines depuis près de vingt ans.

Que l'instabilité des programmes scolaires ne vaille pas mieux que l'autre, celle dont nous paraissons enfin guéris, c'est l'évidence même. A changer ainsi tous les ans de méthode et de système, on fatigue les élèves, on déconcerte les maîtres, on irrite les familles en leur imposant de fastidieuses dépenses — car chaque programme amène son contingent de livres de classe comme chaque nouveau ministre amène son cabinet -- et l'on arrive surtout à créer contre l'Université elle-même, qui n'en peut mais, une désastreuse présomption d'incertitude et d'incohérence. (*Très bien! très bien!*)

Les exercices que l'on proclamait hier indispensables, pourquoi les supprime-t-on aujourd'hui? Un enseignement qui a si souvent besoin d'être changé n'est-il pas défectueux?

Aussi bien le doute n'est-il plus permis; je ne le dis qu'avec le plus vif chagrin, mais, si l'on veut porter au mal un remède efficace, il faut avoir le courage de le regarder d'abord bien en face et il faut reconnaître que les modifications qui ont été imposées depuis plusieurs années au programme de l'enseignement classique n'ont pas tardé à avoir sur la valeur même des études les plus fâcheux effets.

Il y a eu deux phases dans notre enseignement secondaire. Pendant la première, celle qui va jusqu'à 1870, j'accorde sans doute que l'enseignement classique donnait une part beaucoup trop large et trop grande aux exercices de pure forme. Je voudrais assurément mettre à part le vers latin, dont Sainte-Beuve disait que, plus que tout autre exercice, il avait contribué à la formation de son goût. (*Mouvements divers.*) Je crois aussi qu'on s'est trop hâté de remplacer la version par la traduction courante;

mais, cela dit, je reconnais d'une façon générale que, dans l'enseignement classique tel qu'il était alors constitué, les exercices de pure forme tenaient une trop large place.

Dans la seconde période, celle qui s'est ouverte après 1870, les erreurs qui ont été commises ont été beaucoup plus graves. Il était de mode, alors, en toute circonstance et en toute espèce de matière, d'imiter l'Allemagne et nécessairement on l'a imitée souvent mal à propos, sans bien savoir ce qu'on voulait imiter : c'est la période que j'appellerai de l'érudition excessive dans l'enseignement. (*Très bien! très bien! à gauche.*)

On n'a pas distingué, on ne sait peut-être pas encore distinguer aujourd'hui entre le savoir qui convient à l'enfant et le savoir qui convient au maître. (*C'est cela!*)

On a remplacé ces vieilles grammaires dans lesquelles nous avons étudié, et qui me paraissent toujours, à moi, des modèles de clarté et de limpidité, par des grammaires savantes, encombrées de digressions interminables sur les préfixes et les suffixes, des grammaires que les maîtres eux-mêmes expliquent à peine. (*Marques d'approbation.*)

Et, en même temps que l'on rendait ainsi l'étude des langues anciennes plus âpre et plus difficile, l'on retardait, par un nouveau contre-sens, les débuts de l'enseignement du latin et du grec de plusieurs années.

Mais ce n'estpas tout, et l'Université augmente encore le mal de sa propre faute : car, elle-même, sans que l'on sache trop pourquoi, peut-être seulement parce qu'elle est troublée et qu'elle se sent malade, accuse tantôt le relâchement de sa discipline, — ce qui n'est pas exact ; tout au plus, pourrait-on accuser une tendance fâcheuse à multiplier les congés ; tantôt l'absence d'éducation à côté de l'instruction dans ses maisons, — ce qui n'est pas plus exact et ce qui le devient de moins en moins par l'amélioration constante de la situation des maîtres répétiteurs.

Dès lors, que font les parents ? Vous le savez, vous ne le savez que trop : ils envoient leurs enfants à la concurrence, aux établissements ecclésiastiques, qui, eux, ne publient jamais à son de trompe leurs scrupules de conscience, — et ils ont bien raison, — qui entendent supérieurement l'art de la réclame, — et je ne les en blâme point dans ce siècle de la publicité, — qui pratiquent avec une habileté consommée le recrutement, le raccolement des bons élèves de l'enseignement primaire, — et il faudrait les imiter, — qui, surtout, se présentent aux familles avec des méthodes stables, fixes, régulières, défectueuses peut-être, mais qui, par leur stabilité même, inspirent, sinon méritent la confiance.

Eh bien, ce mouvement redoutable qui a déjà emporté près de 5,000 enfants vers les établissements libres, qui ne laisse à nos lycées que la minorité des élèves de l'enseignement secondaire, votre bifurcation ne va-t-elle pas lui donner une nouvelle impulsion? Votre enseignement moderne recueillera quelques élèves dans l'enseignement primaire supérieur, mais votre enseignement classique continuera fatalement à décliner. (*Marques d'assentiment à gauche.*)

L'accès des grandes écoles militaires et scientifiques ouvert désormais aux nouveaux bacheliers qui n'auront plus besoin de savoir un mot de grec ou de latin, la conviction désormais répandue que l'enseignement moderne est le préféré de l'administration, toutes ces causes s'ajoutant à celles que j'ai déjà signalées, l'instabilité des programmes, le retard des études gréco-latines, le désarroi du corps enseignant, donneront de plus en plus aux parents cette impression que l'enseignement classique qui, quoi qu'on fasse, sera toujours considéré comme supérieur, n'est vraiment bien donné que dans les établissements libres.

« Il n'y a qu'un enseignement classique, celui qui repose sur l'étude des langues anciennes. » Qui parle ainsi, en plein conseil supérieur ? Ce n'est pas un simple homme de lettres, un simple philosophe; c'est un chimiste, un chimiste républicain et même un peu radical, M. Berthelot; et le public continue à penser comme lui.

Vous ouvrez l'accès de vos grandes écoles scientifiques et militaires aux bacheliers de l'enseignement moderne. A la même heure, M. Mercadier, directeur des études à l'École polytechnique, dit également en plein conseil supérieur : « Depuis longtemps, la proportion des bacheliers ès lettres entrant à l'École polytechnique est de 47 à 50 p. 100 sur chaque promotion, dont les neuf dixièmes ont fait leur philosophie ; à la sortie, ils se trouvent dans les cinquante premiers dans la proportion de 60 p. 100. »

Et vous vous étonnez que la proportion des polytechniciens et des saint-cyriens qui ont reçu l'enseignement des maisons ecclésiastiques augmente tous les ans ? que la faveur publique, s'éloignant des établissements de l'Etat...

M. Bigot. La vraie cause, c'est l'absence d'enseignement religieux dans l'Université !

M. Joseph Reinach. M. Bigot me dit : C'est l'absence d'enseignement religieux ! M. Piou, l'autre jour, dans la discussion générale du budget, nous avait fait la même objection. J'ai voulu l'examiner. Or, messieurs, vous savez quelle est la vérité : les aumôniers ont été conservés...

M. Bigot. Tolérés !

M. Freppel. On en a demandé la suppression. (*Exclamations diverses.*)

M. Joseph Reinach. Oui, monseigneur, on l'a demandée à plusieurs reprises à la commission du budget. J'avais l'honneur d'en faire partie l'an dernier avec vous ; j'ai eu encore l'honneur d'en faire partie cette année, et chaque fois qu'on nous a demandé la suppression des aumôniers, une majorité républicaine s'est trouvée pour la repousser. Vous voyez donc que l'objection ne porte pas. Seulement, puisqu'elle a été faite, il me sera permis sans doute de saisir cette occasion pour dire — car il est utile que cela soit dit ici, et de la façon la plus nette, — que l'enseignement de la philosophie, dans nos lycées et dans nos collèges, est donné partout par des maîtres profondément respectueux des croyances intimes; c'est un simple enseignement philosophique, historique et moral, et il n'a jamais été, d'ailleurs, plus florissant et plus prospère qu'aujourd'hui. J'ai fait assez de constatations attristantes pour avoir le droit de faire celle-là, et j'ajouterai seulement que, si vous avez pu vous plaindre de quelques rares distributions de prix où des personnes étrangères à l'Université s'amusaient à des exercices trop faciles de libre-pensée, l'Université, sans doute, en a souffert, mais il serait profondément injuste de l'en rendre responsable. (*Très bien! très bien ! sur divers bancs.*)

M. Le Provost de Launay. N'attaquez pas vos collègues!

M. Joseph Reinach. J'ai essayé de vous indiquer, messieurs, les raisons d'un ordre général qui ont contribué à faire émigrer en dix ans près de cinq mille de nos élèves vers les établissements ecclésiastiques où l'enseignement classique est réputé avoir gardé toute sa force et toute sa saveur; quelque réserve que je veuille apporter dans cette partie du débat, il me faut bien constater cependant que les enfants ne reçoivent pas seulement dans ces maisons l'enseignement classique : ils en reçoivent aussi un autre, et si le péril est grand au point de vue universitaire, il l'est bien plus encore au point de vue politique.

Sans doute, l'enfant n'est pas uniquement ce que le fait l'école, car des courants contraires à ceux mêmes de l'enseignement qui lui est donné pénètrent jusque dans la classe; l'enfant les rencontrera en tout cas au sortir du collège, et l'on a souvent rappelé que les plus hardis philosophes du dix-septième siècle et les plus audacieux libres-penseurs du dix-huitième siècle ont eu des jésuites pour maîtres. Mais enfin, si vous voulez bien m'accorder que les Pascal et les Voltaire sont des exceptions et que toutes les intelligences n'ont pas tout à fait la même vigueur, la même personnalité et la même force de résistance aux dogmes qu'on leur veut imposer, il n'en reste pas moins ceci, à savoir que c'est l'enseignement secondaire qui forme le personnel administratif et politique que chaque génération qui arrive fournit à l'Etat. Or, s'il se trouve déjà que l'Etat ne prépare même pas, à l'heure actuelle, la moitié de ce personnel de l'avenir,— 48 p. 100 seulement, — que sera-ce demain ?

Ce personnel pourtant, c'est le cadre naturel de la grande armée du suffrage universel, et vous savez qu'une armée ne vaut que par ses cadres. (*Très bien ! très bien !*)

Quoi ! la République aurait, depuis vingt ans, multiplié les sacrifices, bravé toutes les calomnies, toutes les injures et toutes les coalitions pour façonner par l'école primaire des générations imbues de l'esprit moderne, pénétrées de l'esprit de la Révolution, et la direction de cette armée passerait de ses mains à celles de ses adversaires ! Quelle revanche terrible se préparerait contre vous, contre la République, contre la Révolution elle-même ! (*Marques d'approbation à gauche et au centre.*)

Oh ! j'entends : notre collègue M. Pochon

a trouvé le remède. Pour arrêter les ravages que la concurrence fait dans les rangs de l'Université, M. Pochon voudrait rétablir le certificat d'études, et fermer désormais l'accès de toutes les fonctions de l'Etat à tous ceux qui ne seraient pas pourvus de ce passeport, c'est-à-dire à tous les élèves des établissements libres.

Messieurs, pour le combattre autrement que d'un mot, j'attendrai que ce procédé empirique, que cet aveu d'impuissance se produise au grand jour de la tribune, et je ne veux rappeler aujourd'hui que l'unanimité avec laquelle la presse républicaine, depuis M. Jules Dietz jusqu'à M. Henry Maret, depuis le *Temps* jusqu'à la *Justice*, a repoussé, l'été dernier, le vœu de notre honorable collègue.

Il est possible que, si j'avais été alors de ce monde, j'eusse appuyé autrefois la création du monopole universitaire par Napoléon, et il est certain que j'en aurais combattu la suppression par la réaction de 1850. Mais, étant donné que voilà quarante années que le monopole a été aboli et le certificat d'études enterré, le rétablirai-je aujourd'hui? J'estime, messieurs, que ce serait faire à l'Université une injure imméritée, car proclamer qu'elle est perdue et ruinée si vous ne lui ramenez pas de force et par la main des gendarmes les brebis qui s'égarent dans les établissements libres, ce serait lui décerner le plus beau brevet d'incapacité que la concurrence la plus jalouse et la plus haineuse ait jamais pu lui souhaiter. (*Très bien! très bien! et applaudissements sur plusieurs bancs.*)

Pour moi, mon parti est pris : je considère que la liberté de l'enseignement secondaire, fondée depuis quarante ans, est une liberté sur laquelle il nous est interdit de revenir et je pense que, pour lutter contre la concurrence, la seule arme qui soit digne de l'Université, c'est de donner un enseignement meilleur que celui de ses rivaux. (*Très bien! très bien!*) Elle le peut, malgré les crises qu'elle a traversées, et par conséquent elle le doit.

Mais si, pour cette raison et pour d'autres encore que je ne veux pas développer aujourd'hui, nous sommes résolus à combattre avec énergie le rétablissement de l'ancien certificat d'études, est-ce à dire que nous n'ayons rien à faire pour arrêter l'Université sur une pente fatale et pour disputer à une concurrence habile, persévérante et tenace la direction des générations futures? Eh bien, oui, il faut faire quelque chose et ce qu'il faut faire d'abord, c'est mettre un terme à des tâtonnements qui n'ont que trop duré.

Mais, dira-t-on, comment clore l'ère de ces expériences? Messieurs, il n'y a qu'une solution : il faut faire sortir l'enseignement secondaire du régime des décrets pour le faire entrer dans le régime de la loi. (*Très bien! très bien!*)

Vous avez écouté, messieurs, avec une bienveillance dont je vous remercie, les critiques que j'ai cru devoir diriger contre le programme de l'enseignement secondaire moderne; vous entendrez tout à l'heure M. le ministre de l'instruction publique en faire l'éloge avec son talent accoutumé. Mais qui nous départagera? Ce ne sera pas la Chambre, car le ministre a accompli la réforme sans la consulter et j'ajoute qu'il n'avait pas à la consulter : la loi, les lois du 21 juin 1865 et du 27 février 1880, ne lui imposaient pas, en effet, d'autre obligation que celle de consulter le conseil supérieur de l'instruction publique.

Cela peut paraître étrange, mais c'est ainsi. Quand il s'agit de l'échange de quelques parcelles de terrain entre deux communes ou d'une surtaxe d'octroi de 40 ou 50 centimes, il faut une loi votée solennellement par les deux Chambres ; et quand il s'agit de l'enseignement secondaire, quand il s'agit de la jeunesse française et de l'orientation même de l'esprit français, il suffit d'un décret après une discussion de quelques heures devant un conseil fermé. (*Mouvement.*)

Eh bien, franchement, un pareil régime est-il tolérable et le Parlement peut-il l'accepter plus longtemps sans abdiquer quelques-uns de ses privilèges essentiels ? Il faut une loi pour modifier le programme de l'instruction primaire ; pourquoi suffit-il d'un décret pour bouleverser, dans un sens ou dans un autre, l'enseignement secondaire, dont l'importance n'est certes pas moindre ? De telles questions sont vitales au premier chef ; il est impossible d'en laisser désormais la solution à la seule initiative d'un ministre, quelque éclairé qu'il soit.

Je ne voudrais pas pour le système d'enseignement qui me paraîtrait le meilleur, qui flatterait le plus mes idées, mes goûts et, si vous voulez, mes préjugés, d'une semblable procédure qui ne lui donnerait ni autorité ni prestige. Vous êtes, monsieur le ministre, un esprit libéral entre tous : dans l'intérêt même des idées qui vous sont chères, vous serez le premier à reconnaître que les grandes lignes de l'enseignement secondaire — je ne dis pas les détails des programmes — ne peuvent être tracées, avec quelque chance de ne pas l'être sur un sable mouvant, que par une loi. (*Vive approbation.*)

Il faut une conclusion à ce débat : celle que je vous demande, monsieur le ministre, que je réclame de votre libéralisme, de votre conception du régime représentatif et parlementaire, c'est d'abord l'engagement d'apporter prochainement aux Chambres une loi qui modifie les attributions et la composition du conseil supérieur de l'instruction publique. (*Très bien! très bien!*)

En ce qui concerne sa composition, il faut briser les vitres de cette maison fermée et y faire pénétrer l'air du dehors. (*Approbation sur divers bancs.*)

Quant aux attributions, il faut, dans l'espèce qui nous occupe, ne plus donner au conseil supérieur que la préparation de la loi d'enseignement, qui sera ensuite soumise au Parlement.

Il va de soi que cette loi que nous demandons aujourd'hui à M. le ministre de l'instruction publique n'entrera pas dans tous les détails du programme; nous n'avons pas procédé ainsi pour l'enseignement primaire et il ne s'agit pas de le faire davantage pour l'enseignement secondaire. Il faudra indiquer seulement les grandes lignes, les grands principes, pour l'enseignement de l'Etat comme pour l'enseignement libre; il faudra en même temps organiser d'une façon solide et sérieuse les sanctions, c'est-à-dire le raccord de l'enseignement secondaire avec l'enseignement supérieur.

Voilà, pour ma part, monsieur le ministre, la demande que je vous adresse. Lorsque cette loi viendra en discussion, — si vous voulez bien la porter devant la Chambre, — j'espère ardemment que ce sont les idées que je défends qui triompheront, parce que je suis convaincu qu'elles sont plus conformes que les vôtres à notre tradition nationale, plus favorables au développement de l'esprit français ; mais, en tout cas, des questions aussi graves, aussi importantes, ne seront plus décidées par un simple décret ; on ne pourra plus continuer, comme on le fait depuis vingt ans, à poursuivre des expériences qui sont inutiles, quand elles ne sont pas fâcheuses, sur ce qu'il y a peut-être de plus noble au monde, sur l'âme même de la jeunesse française.

Nous vous demandons de faire passer l'enseignement secondaire du régime des décrets au régime de la loi. (*Vifs applaudissements sur un grand nombre de bancs. — L'orateur, en regagnant sa place, reçoit des félicitations.*)

Imp. des *Journaux officiels*, 31, quai Voltaire.

0 1 2 4

SERVICE P

6 8 9 10

)TOGRAPHIQUE

www.ingramcontent.com/pod-product-compliance
Ingram Content Group UK Ltd.
Pitfield, Milton Keynes, MK11 3LW, UK
UKHW021138230726
13926UKWH00002B/864